LES BLANCS, LES BLEUS

et

LA COUR DE S. M. CHARLES X.

PAR

LE C^{TE} GUETHENOC

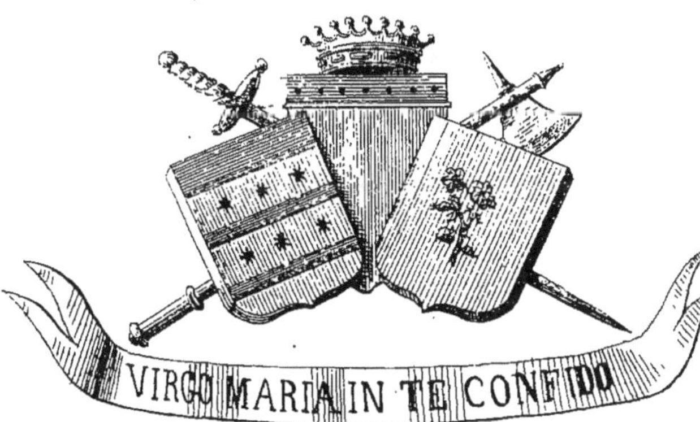

20 Livraisons formant 2 Volumes in 8.º 10 f.
DÉPÔT
chez Dollin, libraire, Quai des Grands Augustins.
N.º 47

LES BLANCS

ET

LES BLEUS.

CHAPITRE PREMIER.

Le vieux Manoir brûlé. — La Vendée en 1806. — Les Chouans et les Loups.

A six lieues de Nantes, entre les petites villes de Blain et Guéméné-Penfau, en Bretagne, au centre de sombres et vastes bruyères qui de toutes parts allaient se perdre à l'horizon, s'élevait, vers l'an 1000, sur le bord d'un torrent, espèce de rivière, un vieux manoir féodal d'où relevèrent jusqu'à la révolution plusieurs fiefs et seigneuries nobles.

La possession de cette châtellenie remonte à près de neuf siècles dans ma famille et s'y est perpétuée jusqu'à ce jour sans interruption. Une tradition porte que dès lors notre maison se divisa en deux branches, dont l'une, après avoir rempli pendant longtemps de grandes charges à la cour des rois d'Angleterre, parvint, par suite d'une alliance avec une héritiere du sang royal d'Écosse, à régner sur ce pays depuis l'année 1306 jusqu'en 1371 *.

Mon père était issu d'une lignée de ces vieux châtelains dont les ancêtres avaient combattu à la bataille d'Hasting, en l'an 1066, sous la bannière de Guillaume-le-Conquérant, duc de Normandie; lui-même avait servi sous le roi Louis XVI et s'é-

---

* Arrêt de la Chambre royale établie pour la réformation de la noblesse de Bretagne, du 24 janvier 1671, et Dictionnaire d'Ogier sur la Bretagne, ouvrage fondamental.

En 1150, Guéthenoc se croisa sous Philippe-Auguste, et son écusson se voit à la salle des Croisades, à Versailles

tait acquis une réputation militaire dans les différens grades qu'il avait occupés, jusqu'à celui de
maréchal-de-camp des armées du roi. Deux frères
et trois sœurs composaient toute sa famille; l'un
des deux mourut en émigration, et l'autre, à son
retour de l'exil, fut évêque de Vannes en Bretagne,
où il finit ses jours; quant à ses sœurs, elles se
marièrent plus ou moins bien en revenant en
France.

Ma mère, fille de M. le comte de M***, lieutenant-général des armées du roi, fut mariée, à
l'âge de quinze ans, à mon père qui en avait alors
quarante-cinq, et qui se retirait du service au
moment de la révolution, époque où les troupes
refusaient obéissance à leurs chefs naturels. Obligés de se cacher l'un et l'autre pour dérober leur
tête à l'échafaud, privés de leur fortune, leur
existence devait être plus que précaire dans cette
position ; ma mère qui était, quoique bien jeune
alors, femme de détermination vive et spontanée,
se fit lingère pour subvenir aux besoins de son mari
et de son enfant.

Cependant cette horrible révolution s'étant un peu apaisée, mon père trouva le moyen de se faire rayer de la liste des émigrés, et rentra alors dans son manoir au centre de la Vendée, qui avait été brûlé comme tous les châteaux de la province, après avoir servi de quartier-général successivement à l'un et à l'autre parti. Ce fut donc là qu'il fut chercher un asile en 1800, suivi de sa jeune femme accoutumée à tout le luxe des grandes villes, à l'existence des salons de Paris, et avec son enfant qui était mon frère aîné.

C'est de ce château ravagé et incendié par la guerre civile, et du milieu de ses ruines brûlées et sanglantes, que commencent mes souvenirs d'enfance.

Mon père était grand et parfaitement bien fait, portait la tête haute, et, sans être beau de figure, avait l'air excessivement distingué et toutes les manières d'un homme de haute compagnie ; il portait surtout à l'excès les principes de loyauté, de religion et de courage. Son éducation avait été bornée au latin, à l'escrime et aux exercices militaires qui étaient la base de l'instruction de son temps , et cependant personne ne s'exprimait et n'écrivait avec plus de réserve et de dignité tout-à-la-fois.

Le personnel du manoir se composait de mon père , ma mère , mon frère aîné , un valet de chambre nommé Gratien , homme excellent et dévoué à la famille qu'il servait depuis vingt ans , plus un jardinier et deux femmes , savoir: une cuisinière et une bonne pour les enfans , bossue , laide et contrefaite , nommée Clairette , dont mes souvenirs sont si vagues que je m'en souviens à peine. A cette époque, les campagnes n'étaient rien moins que sûres ; les restes des bandes vendéennes, les chauffeurs et les chouans, parcouraient librement le pays dans tous les sens, portant l'effroi, la dévastation et la mort chez les uns, et l'espérance et la consolation chez les autres ; je veux parler des royalistes d'alors qui attendaient et espéraient, comme aujourd'hui, le retour de leur prince légitime.

La pénurie était si grande alors , que les

portes intérieures et extérieures des appartemens étaient remplacées par des couvertures
fixées avec des clous aux poutres à moitié
brûlées.

Une nuit, un énorme loup, attiré sans doute
par l'odeur de la chair fraîche d'un enfant,
pénétra, m'a-t-on dit, jusqu'auprès de mon
berceau, à travers les salles incendiées et les
décombres. Ce fut alors que les domestiques,
éveillés par les hurlemens des chiens, le tuèrent
à coups de fusil au milieu des appartemens : on
sera moins étonné de ce fait quand on saura que
l'audace de ces animaux était telle alors, qu'ils
pénétraient jusque dans les cimetières pour aller
y dévorer les corps morts.

Ce fut quelque temps après que ma mère
reçut une lettre de son père, le comte de M***,
lieutenant-général des armées du roi, émigré à
Gratz, en Styrie, où il vivait avec une pension du
royaume de Naples. Il demandait sa fille et voulait
la voir avant de mourir sur la terre d'exil; en conséquence, ma mère partit, et je fus confié, ainsi que

mon frère, aux soins de mon père qui était peu propre à cette sorte de surveillance.

Mon frère aîné, dont j'aurai occasion de parler souvent, était alors un grand et beau jeune homme de quinze ans, excessivement formé pour son âge, grand, bien fait, ayant de superbes cheveux et de beaux yeux noirs : on disait de lui, et avec raison, que c'était un des plus jolis hommes de la province. Doué d'un caractère excessivement doux, il était cependant emporté par momens à s'en rendre malade, et mauvaise tête, comme c'était la mode alors et le résultat des leçons de mon père qui, avant tout, voulait chez ses enfans deux choses principales, savoir : la bravoure, l'audace même et les principes religieux, confusion bizarre du caractère chevaleresque et religieux de mon père, dont je ne me suis jamais bien rendu compte qu'en l'expliquant par l'éducation de la noblesse d'autrefois.

Quant à moi, j'étais alors chétif, mais vif et alerte autant que possible, à ce point que le mouvement était et a toujours été mon existence, et je faisais le désespoir de mon père, qui disait sans cesse : « Cet enfant est trop actif, et ne prendra jamais de corps. »

Et, à ce propos, pour donner une idée de la manière dont nous étions surveillés pendant que ma mère était allée en Autriche, je dirai que mon père étant souffrant d'un violent catarrhe, suite de son intempérance de table, habitude malheureuse, qui plus tard lui coûta la vie, fut obligé d'aller à la ville pour se soigner. Nous restâmes donc seuls, mon frère et moi, sous la surveillance du valet de chambre Gratien, vieux serviteur de la famille.

On était alors dans le mois de septembre, et en pleine vendange, récolte qui occupait au château plus de deux cents personnes. Il y avait, dans cette occasion, à certain passage dans les clos de vignes, des hommes sachant lire, écrire et un peu nombrer pour faire le partage de la vendange du tenancier et du maître. Cette opération se nomme, dans la Vendée, *écarter*, et les hommes préposés à cette tâche s'appellent des *écarteurs ;* ils prennent le quart ou la moitié de la vendange du tenancier, et l'envoient au pressoir du maître. Ces détails, qui paraissent futiles et insignifians, sont utiles en ce sens qu'ils font connaître les usages et coutumes de l'intérieur de la Vendée, et les rapports d'intérêt qui lient le paysan au noble ou propriétaire.

Ce furent donc trois ou quatre de ces hommes que mon frère, grand garçon de quinze ans alors, choisit pour en faire ses compagnons de chasse et de course de nuit dans les bois. Quant à ces quatre personnes, je m'abstiendrai d'en parler en détail ; deux ont servi dans l'armée comme sous-officiers, et le troisième a été tué, m'a-t-on dit, dans les chouans.

Un soir donc que nous soupions seuls, mon frère et moi, l'idée lui vint tout-à-coup d'envoyer réveiller les écarteurs, de les armer de fusils chargés à balles, de couteaux de chasse, et puis dans cet attirail, après les avoir fait boire outre-mesure, de partir avec eux pour aller chasser les loups. Craignant alors de rester seul dans ma chambre, ayant d'ailleurs l'habitude de coucher avec mon frère, ou dans sa chambre, je résolus de suivre la chasse. A cet effet, je fus armé d'une petite hache et je partis aussi. Telle était la faiblesse du valet de chambre de mon père, préposé à notre surveillance, qu'il ne dit rien ou presque rien et nous laissa aller.

Il était environ minuit ; ces messieurs avaient la tête fort échauffée, et nous marchions depuis une ou deux heures, lorsque nous fûmes arrêtés par des hurlemens et les cris d'un malheureux bœuf étranglé par les loups. On les poursuivit, mais ce fut inutilement. En revenant, nous entrâmes dans une maison au milieu des bois, où ces messieurs s'avisèrent de maltraiter l'homme qui l'habitait, qui, étant irrité de cette attaque, s'arma de sa faux qu'il brandissait déjà sur ma tête, lorsque mon frère aîné, sautant par-dessus tout ce qui se trouvait devant lui, se jeta entre moi et ce furieux et lui plaça le canon de son fusil à deux coups sur la poitrine, en le menaçant de le tuer s'il faisait un pas de plus. Mon frère, qui, comme je l'ai déjà dit, était alors grand, bien découplé et résolu, en imposa à cet homme, qui certes, sans cela, se fût vengé sur moi, pauvre chétif que j'étais alors, de l'attaque nocturne qu'il avait convenu à ces messieurs de tenter pour leur agrément particulier.

La chasse, à cette époque, dans la Vendée, était très abondante ; on pouvait aussi courir toute la journée sans rencontrer ni une personne ni une maison, mais en revanche beaucoup de gibier.

Quant aux chemins, ils étaient tels que nous étions obligés, le dimanche, d'aller à la messe, au bourg, en vieille voiture attelée avec des bœufs, ou même en charrette. Il m'est souvent arrivé depuis, dans mes chasses et dans mes courses, pendant la guerre de 1815, de marcher en plein jour dans des chemins tellement boueux et obscurs, que je ne voyais qu'à peine mon chemin, et que je marchais dans l'eau jusqu'au poitrail de mon cheval. Il n'en est pas ainsi aujourd'hui ; les choses sont bien changées, heureusement pour le commerce et la civilisation, et malheureusement pour le caractère de nos paysans, qui a perdu en loyauté ce qu'il a gagné en astuce.

Quoi qu'il en soit, la Vendée est un pays spécial et à part que personne n'a parfaitement défini ; c'était, au temps de mon enfance, un assemblage informe de cloaques malsains, de hautes haies et de grands champs de genêts qui, en certains endroits, n'avaient pas moins de six pieds d'élévation au-dessus du sol, de façon qu'aux chasses habituelles où je suivais soit mon père, soit mon frère aîné, je remarquais souvent qu'on était obligé d'élever le canon de son fusil en l'air et de marcher sur les pas les uns des autres, afin de ne pas s'égarer dans les vastes profondeurs de ces immenses genêts, où l'on se trouvait, en certains endroits, comme ensevelis et privés de la lumière. Quant au sol sur lequel on marchait, c'était comme un vaste tapis tout couvert d'une épaisse couche d'herbe courte parsemée de champignons, de toutes sortes de marguerites des bois et de mille autres petites plantes éclatantes, de couleurs diverses ; les unes comme les autres sortaient de terre en compagnie et en même temps sans se nuire entre elles, tant le sol vendéen est fertile et sa végétation riche et vigoureuse.

Il est vrai de dire aussi que cette belle et forte nature, abandonnée ainsi à elle-même, se déroulant capricieusement et au hasard sur sa terre natale si productive et si riche en végétation, renfermait alors dans ses bois et dans ses marais des couleuvres, des loups et des vipères, ce qui nous forçait toujours à la plus grande circonspection dans nos chasses journalières à travers le pays. A la même époque, ce n'était encore partout que maisons ou villages isolés et brûlés, dont les murs, à moitié noircis par les flammes et les incendies de la grande guerre, étaient un témoignage vivant des désastres de la guerre civile, et abritaient çà et là quelques familles vendéennes échappées en partie au fer républicain. Partout des chemins se croisant dans tous les sens et s'allongeant dans diverses directions, aboutissant tous, soit à la Loire, soit au marais dit de

Saint-Julien, soit enfin au Loroux, à Clisson ou à Chollet.

Le moyen, pour un étranger, de se reconnaître au milieu de ce labyrinthe était impossible dans un tel dédale de sentiers boueux et couverts par la végétation de plantes de toute espèce, de roches inégales et pleines d'aspérités, et enfin de chemins tellement souterrains, que l'obscurité y était complète en plein jour comme dans la nuit la plus profonde. C'était alors que vous ou votre cheval enfonçant jusqu'au ventre, vous vous trouviez souvent arrêté au milieu d'un pareil chemin creux par un arbre tombé en travers de la route, où il végétait nonchalamment, montrant dédaigneusement ses branches et son tronc à moitié sorti de la boue ; il fallait alors franchir cet obstacle, pour retomber un peu plus loin dans un autre, qui consistait souvent dans un ruisseau débordé, sur lequel, pour unique pont, se trouvait un arbre jeté négligemment en travers du torrent, espèce de moyen de passage dont j'ai souvent compris l'utilité.

Il faut être né dans le pays , y avoir fait la guerre, en connaître les habitans, avoir été élevé avec et au milieu d'eux, et bercé, dans son bas âge, des traditions et des récits de la grande guerre de 93 ; il faut tout cela, puis encore les avoir soulevés, embataillonnés, conduits au feu, et ensuite ramenés chez eux, au village, pour pouvoir écrire vrai sur le caractère et le pays de la Vendée, texte sur lequel je reviendrai en temps et lieu.

Mon père nous ayant fait revenir à la ville, nous apprîmes le retour de notre mère, qui revenait d'Allemagne, ramenant son frère, après avoir fermé les yeux à son père et à sa mère. Le frère de ma mère, mon oncle, dont j'aurai occasion de parler quelquefois, était petit, grêle, d'une assez agréable figure, et pouvait avoir vingt ans. Il avait été élevé à l'école militaire des cadets nobles, à Naples. Sa mère, la comtesse de M***, était amie, confidente et dame d'honneur de la reine. Mon oncle parlait assez bien le français et rapportait du pays de Naples une parfaite connaissance de la langue italienne. Voilà, d'après mes souvenirs d'enfance, tout ce que ma mémoire me retrace de remarquable alors dans mon oncle, le comte de M***, depuis un des braves de l'armée de Russie, où il gagna loyalement la croix et les épaulettes de capitaine.

Mon père, pendant les longues absences de ma mère, avait contracté des habitudes qui ne pouvaient guère s'accorder avec les devoirs conjugaux de l'intérieur. Il était bon, sans doute, sensible même pour ses enfans; mais trente ans de sa vie passés dans les garnisons et à guerroyer en Amérique, faisaient de l'officier-général le plus exact, du gentilhomme le plus accompli par moment, ce qu'on est convenu d'appeler un bon vivant dans le monde; et alors, dans les dîners que mon père donnait fréquemment, le chef de famille disparaissait pour faire place au raffiné gentilhomme de la Régence. Ma mère, de son côté, jeune, fraîche, pleine de santé, de grâce et d'esprit, ne pouvait s'accommoder de la vie monotone de province; en conséquence, c'étaient des bals que l'on donnait et où l'on allait sans cesse, et ces plaisirs n'étant ni du goût ni de l'âge de mon père, il résulta de tout ceci qu'un voyage à Paris fut décidé par ma mère, qui devait aller suivre un grand procès d'où dépendait alors notre fortune entière, et voici comment.

Le marquis de M*** était notre parent par ancienne alliance : en 1420, un mariage avait uni les deux familles

Voulant rattacher le passé au présent, il adopta mon frère, en lui transmettant son nom et sa fortune, à la condition que l'un et l'autre seraient transmissibles de mâle en mâle.

Or, le nom était un des plus beaux de la Bretagne et la fortune une des plus considérables.

Ce qui fit que mon frère prit le nom et les armes des sires de M***, qui dès l'an 1000 paraissent comme princes et hauts barons bretons aux obsèques d'Alain Fergant, duc de Bretagne.

Cependant un grand procès fut engagé, l'adoption de mon frère fut attaquée, et il fallut se défendre.

Ce fut alors que Napoléon, se souvenant des services de mon grand-père, le comte de M***, lieutenant-général gouverneur de la Corse, lui fit rendre les biens de mon frère, dont la nation s'était emparée.

Il est vrai de dire qu'à cette époque Bonaparte cherchait à se créer des partisans dans la vieille noblesse, qui ne le trompa jamais, quoi qu'on l'ait écrit depuis dans diverses histoires mensongères, dont la postérité fera raison. En effet, dans ce temps de gloire, les cadres de l'armée fourmillaient de gentilshommes, tandis qu'il n'en est pas de même aujourd'hui ou l'état militaire est envisagé au point de vue de l'intérêt personnel.

Maintenant, voulant reprendre le cours de mon récit, je dirai que mon père continua ses anciennes habitudes, qui consistaient à aller quelquefois à la chasse et a vivre au milieu d'un certain cercle d'amis, qui, comme lui, avaient échappé à la révolution et avaient servi dans divers corps sous Louis XVI. Vers 1810, il se rallia franchement au gouvernement. L'empereur, devant venir à Nantes, une garde d'honneur fut créée. Une compagnie fut donnée à mon père, qui l'accepta ; et, quelque temps après, mon frère partit pour l'école militaire de Saint-Cyr, et moi pour l'école militaire de La Flèche, d'où je sortis, au bout de deux ans, pour entrer à l'école militaire de cavalerie de Saint-Germain.

CHAPITRE II.

Entrée à l'École Militaire. — Le comte de Beauharnais. — Le duc de Clermont - Tonnerre. — Régime et Service intérieure de l'École. — Visite de l'Empereur. — Ses suites.

Ce fut donc vers la fin du mois de février 1812 que je fus conduit, dans mon costume de l'école de La Flèche, qui consistait alors dans un chapeau à trois cornes, orné d'une ganse en soie jaune; un habit bleu, boutonné sur la poitrine par des boutons dorés, sur lesquels était l'aigle impériale ; une culotte courte de drap pareil à l'habit, et de grandes guêtres noires de soldat d'infanterie. J'allai ainsi à Paris, que je voyais pour la première fois, chez mes protecteurs, mes parens. qui étaient d'abord M. le comte de Beauharnais, sénateur et chevalier d'honneur de

l'impératrice-mère ; ensuite, chez le duc de
Clermont-Tonnerre, qui avait épousé Mlle de
Bruc, ma cousine-germaine, et qui était atta-
ché, en qualité de chambellan, à la princesse
Borghèse.

M. le comte de Beauharnais était un homme
de bien, plein de bienveillance et de charité, toujours prêt à user du crédit de sa position pour
ses amis et ses parens ; du moins, c'est ce que
j'ai toujours entendu dire de lui. La comtesse,
sa femme, était un modèle accompli de grâce et
d'amabilité. L'excessive politesse de Mme de Beauharnais et la distinction de ses manières en font
encore aujourd'hui une femme remarquable dans
les salons du faubourg Saint-Germain. Quant au
duc de Clermont-Tonnerre, je n'ai rien à en dire,
si ce n'est que, lorsque sa femme s'avisa de mourir
sans enfans, il se fit donner par elle, par un testament parfaitement en règle, l'ancien marquisat
de Bruc, qui, dépossédé de ses priviléges et d'une
partie des terres qui en dépendaient, valait encore quarante mille livres de rente, qu'il vendit

huit cent mille francs à Nantes. M. de Clermont-
Tonnerre se remaria depuis, et, sous l'empire de
la crainte que lui inspirait la révolution de juillet, et surtout sa femme, qui avait la mine et les
allures un tant soit peu grenadières, il lui con-
sentit, bon gré, mal gré, un testament par lequel
il l'institua sa légataire universelle. Ainsi, non-
seulement la famille Clermont-Tonnerre fut dé-
possédée d'un héritage légitime, mais la famille
de Bruc elle-même perdit huit cent mille francs,
que M. de Clermont-Tonnerre avait plusieurs fois
promis de restituer ; et, à cet effet, des dé-
marches furent faites auprès de Mme de Clermont-Tonnerre par l'archevêque de Turin, où
réside cette dame ; elles furent sans succès,
Mme de Clermont-Tonnerre pensant que ce qui
est bon à prendre est bon à garder.

Le duc de Clermont-Tonnerre était petit, grêle
et rouge des yeux comme des cheveux ; il avait
aussi l'habitude alors de se faire servir par un
valet de chambre du sexe féminin, qui lui cou-
pait la barbe avec des ciseaux en guise de ra-

soir. J'étais bien jeune alors , et j'avoue que
cette opération et ces soins si empressés faisaient toute mon admiration. Il avait à cette
époque pour pupille M. le comte Eugène de
Bourbon-Busset, qui était étonnant par l'énor-
mité de la pension alimentaire qu'il se trouvait devoir tous les ans à son cher tuteur. Au
reste, M. de Clermont-Tonnerre était un excellent homme et un très bon parent ; mais je ne
puis m'empêcher de penser que si la princesse
Borghèse aimait les hommes beaux et bien faits,
elle s'était fortement trompée en s'attachant la
personne de mon cher cousin.

Quoi qu'il en soit, pour revenir à mon sujet,
je dirai que M. de Clermont-Tonnerre me conduisit à l'école militaire. Dire tout ce que je res-
sentis de crainte et d'inquiétude en apercevant
ces vieux murs et cette ancienne résidence royale
qui allait me servir de prison, serait impossible.
C'était vers la fin du mois de février 1812, par
un temps sombre ; il était environ cinq heures
du soir quand je vis s'ouvrir la grande porte du

château. J'étais saisi de crainte et de froid, et j'avais aussi le cœur bien malade en pensant à mes parens et au vieux manoir de la Vendée, avec tous ces contes de la veillée, ces bois, ces grands genêts, et enfin toutes ces vieilles histoires qui font peur dans l'enfance et rêver dans l'âge mûr.

Le commandant de l'école, qui à cette époque était M. le général de division Clément de la Roncière, était un homme maigre et grand, auquel il manquait un bras ; et, chose bizarre, le colonel, commandant en second l'école, avait aussi, lui, un bras de moins : tous les deux, disait-on, les avaient eu emportés par le canon à la même bataille. Le général nous reçut fort bien, et demanda tout d'abord quelle était mon instruction, ce à quoi je répondis avec satisfaction que, sortant de l'école militaire préparatoire de La Flèche, je croyais être à même de suivre les cours de mathématiques de l'école. Ensuite nous descendîmes dans une salle de visite et d'habillement où je trouvai un chirurgien, ou je ne sais trop quoi de pareil, qui exigea que je me déshabillasse de la tête aux pieds, pour passer la visite. On conçoit que, dans le fort de l'hiver, inquiet comme je l'étais et dans cet état, je devais faire une piteuse figure, d'autant que des larmes de regret et de souvenir de ma tendre mère roulaient dans mes yeux, malgré tous mes efforts pour les retenir et prendre un semblant d'air résolu.

La visite terminée, M. le docteur en chef trouva que j'étais bien maigre et bien chétif; mais, se hâta-t-il d'ajouter, l'exercice, la gamelle et le manége devaient me donner de la force. Il est bon de dire en passant que j'avais alors à peine seize ans, et que j'étais, je crois, le plus jeune de l'école militaire de Saint-Germain; mais, en revanche, j'étais bien aussi un des plus turbulens et des plus rétifs à la discipline. Cet esprit de révolte perpétuelle que j'ai puisé dans les traditions et les mœurs de ma province faillit m'être fatal plus d'une fois, et dans des circonstances mémorables que je relaterai en temps et lieu. Ensuite un homme du service de l'école, ou gardien de cour, je crois, s'avança vers moi et me revêtît la chemise en grosse toile de l'Etat et un pantalon de cavalier en treillis, une veste verte de petite tenue de dragon, le tout avec un bonnet de police. On me retira mon argent, et on ne me laissa que trois napoléons ; puis on me mit ensuite sur le dos un porte-manteau de troupe, un casque, un grand sabre droit, de grandes bottes, et c'est dans cet équipage que j'embrassai, les larmes aux yeux, ce bon duc de Clermont-Tonnerre et son compagnon, en leur faisant mes adieux.

On ne peut se figurer ce que c'était alors qu'un conscrit arrivant à l'école militaire avec tout son bagage sur le dos ; l'air inquiet, étonné et naturellement embarrassé qu'apportait le pauvre diable de conscrit le rendait tout d'abord ridicule aux yeux des anciens et la risée des autres. Il me fallut monter le grand escalier du château, à la suite d'un homme de garde, chargé comme l'âne de la fable, non pas de reliques, mais bien de choses qui n'allaient alors ni à ma taille, ni à ma mine ; à tout dire, j'étais dans ce moment, montant le grand escalier devant toutes les compagnies qui le descendaient, très embarrassé de ma personne et surtout de mon grand sabre, qui aurait convenu à un homme de haute taille plutôt qu'à moi.

Je fus installé dans une chambre composée de dix élèves et d'un brigadier ; on me nombra au n° 220, et je fus dragon de la troisième compagnie. De ce moment commencèrent pour moi une série de persécutions, de fatigues, et, je peux le dire, de misère ; car nous ne mangions pas toujours à notre appétit et nous ne dormions que la moitié du temps qui nous aurait été nécessaire ; heureusement que nous rattrapions bien souvent le temps perdu, en sommeillant tranquillement dans les salles d'étude, le nez plongé dans un *Dictionnaire des Siéges et Batailles* ou dans un livre de mathématiques, ce qui établissait compensation avec le réveil de *cinq heures* du matin, en hiver, qui se sonnait par les trompettes de service. Alors le brigadier, du fond de son lit, criait :

Conscrit, à la chandelle! ce qui voulait dire qu'il fallait s'arracher aux douceurs d'un épais sommeil pour courir, en chemise, dans les corridors allumer la chandelle de la chambrée. Le conscrit était le dernier arrivé de l'escouade, et, jusqu'à ce qu'il fût remplacé par un moins ancien que lui, il était le serviteur de tout le monde. Ainsi, par exemple, il balayait les corridors, grattait les escaliers, et il choisissait son pain de munition quand il ne restait plus que le sien, qui semblait le plus mauvais, puisqu'il était le rebut de tous. Il en était de même des portions de bœuf, et je me rappelle qu'étant saisi d'une faim dévorante, causée par tous ces exercices continuels tant à pied qu'à cheval, j'avisai une carotte au fond de la gamelle, et alors, plongeant ma cuillère pour l'avoir, ce fut un cri général d'indignation contre ma prétention, et le brigadier m'appliqua un grand coup de sa cuillère sur les doigts. Alors je me fâchai tout rouge et proposai le combat; on me rit au nez, en me traitant de conscrit. Cette leçon me rendit plus circonspect à l'avenir, et je m'en trouvai bien.

A la caserne de l'école militaire comme dans le monde, il ne s'agissait que d'attendre, et, six mois plus tard, j'étais à mon tour un élève et plus un conscrit. Ennuyé des exercices continuels et fatigué de corps et d'esprit de ce va et vient de la caserne, je résolus de me faire malade, afin d'éviter les salles de police et les pelotons de punition. A cet effet, je déclarai une grande maladie, le matin au réveil : cela me valut *trois heures de sommeil de plus ;* mais, quand je parus à la visite du docteur Moreau, il me fallut rabattre de beaucoup mon projet. Ce docteur me rit au nez, et m'envoya à l'infirmerie, m'ordonnant, *pour régime journalier, deux lavemens, un quart de pain, un œuf et une médecine tous les deux jours.* On concevra aisément que le régime du docteur ne put me convenir long-temps ; aussi, le lendemain matin, je réclamai ma sortie de cet enfer d'hôpital, où le repos ne compensait pas le régime alimentaire du malin docteur Moreau. En remontant à ma chambrée, je réfléchissais que ce n'était pas là encore le remède à mon profond

dégoût de la caserne et des punitions, qui y pleu-
vaient comme la grêle.

Six mois après environ, me trouvant encore à
l'hôpital, par suite d'une maladie inflammatoire,
nous entendîmes, sur les trois heures après midi,
sonner l'assemblée dans la cour du château, et
l'on signala la venue de l'empereur, qui arrivait
comme la foudre, sans être annoncé, suivi des
princesses de sa maison. Le général, surpris à
l'improviste par cette visite inattendue, se hâta
de rassembler les élèves pour en former un esca-
dron à pied, que l'empereur voulut inspecter et
faire manœuvrer devant lui ; ensuite il fit faire le
maniement des armes et démonter et remonter
les fusils sur place. Un déjeûner dinatoire ayant
été dressé, en guise de table, sur un grand puits
qui se trouve dans la cour du château, l'empereur
et les princesses prirent quelques rafraîchisse-
mens et voulurent visiter l'intérieur du quartier.
A cet effet, l'empereur et sa suite se préparèrent
à monter aux chambrées. Un corps-de-garde
était placé à l'entrée intérieure du château, dans

la cour; il fallait passer devant pour monter
aux premier et deuxième étages. L'empereur s'y
arrêta ; la garde, qui était composée d'élèves,
lui présenta les armes. Il entra donc dans ce
malheureux corps-de-garde et voulut tout voir
par lui-même, en s'informant de tout dans les
plus minces détails. Enfin, ayant demandé le
pain de munition des élèves de garde, il s'en fit
couper un et le goûta, ce qui lui fit faire la gri-
mace ; puis, se retournant d'un air mécontent
vers le général, il lui dit : « Général, à dater
d'aujourd'hui, vous quitterez le commandement
de l'école ; » ce qui eut lieu effectivement.

Après la visite des chambrées, l'empereur vint
aussi visiter l'hospice, et nous le reçûmes en robe
d'hôpital, rangés aux pieds de nos lits, le bonnet
à la main. Il goûta le vin, la soupe et les alimens
ordinaires, et descendant sur l'esplanade, vis-à-
vis le château, il fit manœuvrer devant lui l'esca-
dron, dont les chevaux étaient tellement emportés qu'il était difficile d'obtenir une grande
régularité dans les mouvemens. Enfin, le résultat

de cette visite impériale fut le renvoi du général et de cent trois élèves, qui partirent comme officiers le lendemain même pour les différens régimens de cavalerie de l'armée, circulant tant au nord qu'au midi de l'Europe. J'eus le malheur de ne pas être de cette promotion ; j'étais trop faible et trop jeune, et à cette occasion mon chagrin fut tel, que je me souviens que j'en perdis le sommeil et l'appétit. Ma bonne mère, m'écrivant sans cesse, me promettait de beaux chevaux et de jolis uniformes. Je prenais patience, et cela aidait à me consoler ; car la pelisse d'officier de hussards était alors mon ambition et le but de tous mes rêves de seize ans. Il y avait déjà huit mois que j'étais à l'école militaire, et, chose incroyable, ma santé se fortifiait de toutes les fatigues de cette triste position ; car la vie de Saint-Germain était alors un cruel noviciat, et ce serait à recommencer, que je préférerais gagner mes épaulettes comme simple soldat dans un régiment.

Quoi qu'il en soit, avec le nouveau général nous eûmes du pain blanc à nos ordinaires et moins de sévérité dans le service. Quant à nos officiers, je ne puis en dire que du bien, principalement du colonel Brunet, commandant en second de l'éco'e, qui, étant à la tête de son régiment, avait eu le bras emporté par un boulet. C'était bien alors le plus beau colonel que j'aie jamais vu, et ce qui valait encore mieux, c'est qu'il était bon et compatissant pour les élèves dont la turbulence réclamait beaucoup d'indulgence ; j'étais de ce nombre et un des premiers de cette catégorie.

CHAPITRE III.

Cependant la tristesse et l'ennui me gagnant
de plus en plus, irrité comme je l'étais de toutes
les petites tracasseries de nos adjudans et sous-
officiers, je cherchais des duels comme moyen de
distraction et peut-être aussi par vanité ; toujours
est-il que j'eus plusieurs affaires, que j'étais
l'agresseur et que je m'en tirai assez heureusement.

Pendant ce temps, mon frère aîné, qui était
sorti de l'école militaire de Saint-Cyr, avait été
placé officier dans la garde impériale. Étant beau
garçon, riche et portant un beau nom, il devait
faire un chemin rapide ; mais malheureusement

sa santé s'altéra, et ne pouvant résister aux
marches et contre-marches, il fut, à la suite d'une
bataille, jeté à l'hôpital de Vienne, où il fut si
horriblement soigné qu'il fut évacué sur la
France et revint dáns sa famille dans un état pi-
toyable. Alors mes parens lui firent donner sa
démission, à l'âge de dix-neuf ans.

Ma mère habitait toujours Paris, où elle avait
un état de maison assez ordinaire, mais conve-
nable; et pendant ce temps, mon père ne quittait
ni ses habitudes, ni sa province. La différence
d'âge et de goûts de l'un et de l'autre explique-
rait aisément une telle séparation, si les affaires
dont ma mère était chargée n'étaient pas là pour
justifier celle dont le souvenir est bien cruel pour
moi, puisque je l'ai vue mourir sous mes yeux,
dans les souffrances d'une horrible maladie.

Vers le mois de janvier 1813, mon père se présenta au parloir de l'école et demanda à me voir.
En m'apprenant qu'il avait quitté sa province
pour venir marier mon frère aîné avec ma-
demoiselle de Cossé-Brissac, il me fit espérer

qu'à l'occasion de la signature du contrat de
mariage par l'empereur et l'impératrice, on me
nommerait officier. Je me souviens que mon père
avait ses poches pleines de toutes sortes de
bonnes choses et d'argent, que je cachai soigneu-
sement dans mon habit et dans mon casque.
C'était un dimanche, et nous étions en grande
tenue, qui consistait alors dans le casque de
dragon, surmonté d'un plumet rouge pour les
grenadiers, et blanc et rouge pour les autres
compagnies ; l'habit vert dragon, avec l'aiguillette
en fil blanc ; la culotte de peau et les bottes à
l'écuyère formaient toute notre toilette. Quant à
l'armement, il consistait en un fusil court, un
sabre et la giberne.

Sur ces entrefaites, je me liai avec le frère
de ma future belle-sœur qui, comme moi, faisait
son apprentissage d'officier à l'école militaire ;
seulement nous n'étions ni de la même compagnie, ni du même caractère, tant s'en fallait. Emmanuel de Cossé-Brissac, dont j'aurai
occasion de parler plus tard, était grand, élancé,

de formes agréables et très joli homme ; il était en outre mon conseiller dans les momens difficiles, où il m'apportait des consolations et de l'argent pour attendrir mes geôliers, lorsque j'étais en prison.

Or, un soir, dans une étude de mathématiques, je m'amusais bruyamment dans un coin de la salle et j'étais en dispute avec un élève arrivé récemment à l'école, qui avait la taille et la force d'un Hercule, lorsque nous en vîmes aux gros mots, puis aux faits ; comme j'étais encore l'agresseur, mais que je n'étais pas aussi le plus fort, je fus renversé sur mon banc, et le bruit qu'occasiona cette querelle ayant troublé la leçon, on me conduisit en prison, et comme je jurai mes grands Dieux qu'en sortant je forcerais mon adversaire à se battre, et que je ne voulus pas renoncer à l'espoir de ma vengeance, on me laissa au cachot au pain et à l'eau.

Les prisons de l'école étaient situées dans les souterrains du château et à hauteur des fossés, ce qui les rendait très humides et malsaines ; nous y étions sans autre lumière que celle d'une petite lucarne avec des barreaux en fer, où l'air ne pouvait *pas plus passer que la main.* Nous couchions sur la paille et sur un lit de camp, et l'on nous donnait une cruche d'eau, du pain et la liberté de la promenade dans le cachot, qui était noir et avait quatre pas carrés dans tous les sens. Cette habitation n'était guère de mon goût, comme on doit bien le penser ; mais le roi de ce séjour souterrain, le geôlier, qui avait sous ses ordres immédiats quatre vigoureux balayeurs, était un ancien maréchal-des-logis de chasseurs, nommé Perraut, très sensible aux cadeaux et très causeur. Alors Emmanuel de Brissac venait, ainsi que d'autres amis, avec la permission des officiers, m'apporter de l'argent, avec lequel je pouvais obtenir de mon gardien de la lumière, des romans et du vin, qu'il partageait toujours fidèlement avec moi, en me racontant ses grandes batailles de l'Empire.

Tout cela était très beau sans doute et excitait au plus haut point mon admiration et mon enthousiasme, mais j'avais besoin de mouvement et mon argent ne pouvait m'en donner. Je commençais donc à me désoler, car je n'entendais parler de personne et aucun bruit humain ne se faisait entendre dans ces tristes souterrains, lorsqu'un jour la porte de ma prison s'ouvrit avec fracas, et le capitaine Sorbier se présenta avec l'air grave qui ne le quittait jamais, en me disant : « Sortez, Monsieur, vous êtes nommé officier. » Qu'on juge de mon ravissement et de ma joie : elle était telle, que je jetai tous mes vêtemens, mon couvert et mon gobelet en argent au visage des gardiens, en leur abandonnant tout, puis j'allai embrasser les guichetiers et mes camarades qui, sur mon chemin, m'arrêtaient pour me féliciter à l'envi, en me donnant force poignées de main en signe d'adieu. J'appris chez le général, où l'on me remit mon brevet, que j'étais désigné pour le 10e hussards, dont les escadrons de guerre étaient en Silésie et le dépôt à Metz. Je fus donc enfin officier, après avoir été trois ans dans les écoles militaires de La Flèche et de Saint-Germain.

Je trouvai à la porte du château mon père,
et le duc de Brissac, père de ma future belle-
sœur et d'Emmanuel de Cossé-Brissac, que je
laissai à l'école, mais qui obtint bientôt une
permission pour assister au mariage de sa sœur
avec mon frère. J'étais à peine vêtu, lorsque j'ar-
rivai dans ma famille, mourant de faim et dans
un bien triste état assurément ; le changement
de vie fut si subit, la commotion fut si forte chez
moi, que je fis une grande maladie qui, grâce aux
soins du célèbre docteur Portal, fut de courte
durée.

Cependant le mariage de mon frère étant résolu,
on fit signer le contrat par l'empereur et les im-
pératrices, et ensuite un grand souper fut donné à
l'hôtel Brissac, place Saint-Sulpice, où le prince
de Rohan, grand-aumônier de l'empereur, maria,
dans la chapelle de l'hôtel, mon frère Armand-
Corentin, marquis de Malestroit de Bruc, et
Blanche de Cossé-Brissac. Je tenais ce qu'on ap-
pelle le poêle, ainsi qu'Emmanuel de Brissac, sur
la tête des mariés : mon frère avait vingt ans, et

était vraiment beau de formes, de maintien et de figure ; sa femme pouvait avoir seize ans, était pâle, agréable sans être jolie, mais parfaitement bien faite et gracieuse.

A cette soirée se faisait remarquer toute l'ancienne et la nouvelle noblesse, et tout cela m'était parfaitement inconnu alors. Une seule personne fixa particulièrement mon attention, ce fut la comtesse de Beauharnais, qui était bien alors la plus jolie cousine possible et la femme le plus haut placée du faubourg Saint-Germain, tant par ses charges à la cour que par celles qu'occupait son mari. Mme la duchesse de Cossé-Brissac, mère de ma belle-sœur, était en son nom une demoiselle d'Orléans de Rothelin, sœur de Mme la princesse de Rohan-Rochefort, dont la fille fut fiancée, dit-on, au duc d'Enghien, sous le nom de princesse Charlotte de Rohan. Ces détails, qui paraissent frivoles au premier abord, sont nécessaires en ce que j'aurai à revenir sur ces personnes dans le cours de cet ouvrage.

Je dirai en outre qu'à la soirée de mariage des

nouveaux époux, je reçus pour cadeau de noces,
de Mme de Brissac, une épée à fourreau de peau
de chagrin, dont la garde et la chaîne étaient en
acier poli, comme une espèce de manière
d'épée d'huissier, et il me fut dit que, comme
militaire, je devais considérer ce cadeau
comme étant de très bon goût et tout-à-fait de
circonstance. Quant à moi, je le trouvai assez
mesquin, venant de la part de Mme de Brissac,
qui certes avait bien le moyen, tant par sa fortune que par ses charges à la cour de l'impératrice, de me faire un présent de noces un peu
plus somptueux ; mais alors j'étais tellement heureux de ma nouvelle dignité d'officier, que cela
passa ainsi, et que je n'y songe réellement qu'aujourd'hui. Trois salons étaient encombrés des
largesses de mon frère, qui fit à cette occasion
les choses en grand seigneur et avec une conve-
nance parfaite ; ainsi, dans le premier salon, on
voyait étalés çà et là et ouverts sur les tables les
écrins de diamans, les parures, bracelets, peignes,
nécessaires, tant en or qu'en vermeil. Dans l'autre

pièce, c'étaient tout le long des murailles, en guise de tapisserie, des robes de grande et de petite toilette, des schalls de Cachemire de toutes nuances, des robes et manteaux de cour, brochés d'or et d'argent. Enfin, dans le troisième salon, on voyait les turbans, chapeaux, linge et mille autres bagatelles. Mlle de Brissac apportait à mon frère quatre cent mille francs de dot et des espérances, et lui deux millions de fortune.

Une fois toutes ces cérémonies terminées, mon père et ma mère me firent leurs adieux, et je dus partir pour rejoindre le dépôt de mon régiment qui était à Metz. Ici commencent pour moi une autre vie et d'autres habitudes. Mon frère retourna en Bretagne avec sa femme d'où il ne revint qu'au retour des Bourbons pour prendre du service, et je partis par la diligence de Metz, le 1er avril 1813.

CHAPITRE IV.

Nous étions plusieurs personnes dans la voiture et la conversation allait grand train, lorsqu'au jour naissant j'aperçus dans un coin un tout petit jeune homme aux allures de femme, habillé avec une polonaise, un pantalon rouge à la russe et coiffé d'un bonnet d'astracan. Je lui adressai la parole pour savoir à quel régiment il appartenait et s'il comptait s'arrêter à Metz. A ma grande surprise, le petit monsieur me dit d'un air très tranquille qu'il était la baronne de ***, femme du général de ce nom, et qu'elle allait en Allemagne. Alors ce fut force politesses de ma part vis-à-vis de la baronne, qui était de la meilleure humeur possible, à tel point qu'en passant à Châlons elle fit emplette de plusieurs bouteilles de champagne que nous bûmes avec accompagnemens d'histoires, de contes et de chansons de toutes sortes, en finissant par étendre un manteau sur nos genoux pour jouer aux cartes. Dans toutes ces folies, la baronne ne laissa à personne le droit de la considérer autrement que comme une femme romanesque, mais très éprise de son mari, dont elle nous entretint tout le long de la route.

En arrivant à Metz, je fus étonné de l'aspect d'une place de guerre, et cela passait mon imagination ; de même que le mouvement du service journalier, car la vie de garnison a cela de bon qu'elle vous procure, aux dépens de votre bourse et de votre santé, de l'expérience ; mais que de regrets et de mécomptes l'existence d'un officier, restreinte aux proportions exactes *de cette vie monotone,* ne laisse-t-elle pas ? C'est user son temps en futilités, car dans le service on exige beaucoup pour obtenir peu, au lieu que chez le soldat en campagne il y a noblesse et poésie et chez le soldat en garnison il y a routine et abrutissement.

Le lendemain, je me présentai chez mon colonel ; il était absent, mais sa femme me reçut, et après m'avoir invité à dîner, elle m'offrit un verre de liqueur ou de rhum, à volonté. Elle avait en me parlant ainsi ouvert une caisse d'acajou pleine de carafes et de petits verres ; j'avoue que je n'étais point habitué à ces sortes de politesses, surtout venant de la part des dames. J'acceptai cependant, au risque de me rendre malade, tant j'avais à cœur d'être agréable à Mᵐᵉ M***. Le lendemain, je retournai chez mon colonel, que je trouvai chez lui, et auquel je remis des lettres de recommandation de MM. de Beauharnais et de Clermont-Tonnerre, mes seuls et uniques protecteurs. J'avais en outre une lettre de mon père pour un de ses parens, M. le marquis de Fouquet, que je ne vis pas, préférant alors la vie libre de la garnison à la tenue d'un salon.

Mon équipage se composait de trois chevaux et d'un domestique fidèle et dévoué qui me loua une assez belle chambre au rez-de-chaussée de l'hôtel où logeaient les acteurs, et cela se concevra facilement quand on saura que le théâtre était tout près. Ce rez-de-chaussée m'était utile en ce que, lorsque j'étais aux arrêts, ce qui m'arrivait quelquefois, je faisais venir mes chevaux dans ma cour et même dans ma grande chambre, où je faisais ainsi de l'équitation *intrà muros*.

J'avais seize ans, beaucoup d'amour-propre et rien pour justifier cet orgueil, si ce n'était un grand fonds de vanité. Or, un certain soir, après le spectacle, j'entrai au café de la comédie où, après avoir pris abondamment toutes sortes de liqueurs, je me trouvai dans un état voisin de l'ivresse, lorsqu'il entra un groupe d'officiers de lanciers qui, après m'avoir fait toutes sortes de politesses, m'engagèrent à jouer. Je ne fus pas heureux, aussi perdis-je constamment et promptement, outre la dépense de la soirée, une somme assez forte ; le dépit me gagnant de plus en plus, je voulus

continuer toujours. Ce fut alors qu'un capitaine
proposa de jouer à pile ou face avec un napoléon;
j'acceptai avec transport cette manière de hâter le
jeu qui me semblait devoir égaliser toutes les chan-
ces et ne devoir dépendre que du bonheur. En
conséquence, je défis ma ceinture, qui était pleine
d'or et je jouai toute la nuit avec tant de malheur,
que je me retirai au jour dégrisé et avec soixante
napoléons de moins dans ma poche. J'avoue que
cet apprentissage me sembla d'autant plus dur
que j'espérais une revanche; mais je m'étais bien
trompé, puisque le régiment auquel appartenaient
mes gagnans, étant seulement en passage, partit le
matin même pour l'armée. Cependant quelques
jours après ma perte était presque oubliée; j'é-
tais à la manœuvre et au repos, lorsqu'un de mes
camarades, celui précisément qui étant avec moi
au café, lors de ma partie, m'avait le plus engagé
à pousser mon jeu, vint à dire que j'avais été volé
comme un enfant. Je lui répondis naturellement
et fort poliment qu'il était d'abord un impertinent;
à cela, il eut la sottise de répéter devant le cercle

d'officiers réunis , que j'avais été trompé et qu'il
en était certain. Puisqu'il s'en était aperçu, je le
traitai comme il le méritait devant tous nos camarades, et un duel au sabre fut résolu pour le
soir.

Mon adversaire était un gros Normand ayant
les cheveux et la barbe rouges, et taillé en Hercule,
mais pour de l'esprit et de l'instruction, il n'en
était nullement question chez lui ; il arrivait au
régiment comme moi ; seulement c'était le fils
d'un paysan qui, de soldat, était devenu officier à
force de temps plutôt qu'à force de courage.

Quand nous nous trouvâmes en face l'un de
l'autre, en chemise et le sabre à la main, il tenta
plusieurs feintes et de grands mouvemens pour
me faire abandonner la ligne et me démoraliser ;
mais j'avais l'habitude des armes et du duel que
j'avais assez souvent pratiqué à l'école. Cependant mon adversaire était dans la force de l'âge,
il pouvait avoir de vingt-cinq à trente ans et ma-
niait son sabre avec aisance, tandis que moi,
chétif, frêle comme un roseau, je pouvais à peine

me servir de mon arme; et à cette occasion, quand
je pense à une aussi épouvantable disproportion,
et que je reporte mon souvenir sur ce triste duel,
je ne puis comparer de telles affaires qu'à d'hor-
ribles assassinats justifiés par le préjugé. Enfin,
mon adversaire se laissant tomber à terre, je lui
portai un coup sur la tête, et lui, en se relevant
m'atteignit au bras droit. Cette blessure faillit me
faire perdre l'usage de ce membre, sans les soins
empressés du chirurgien-major du régiment.
Ainsi, j'en fus à mon début au corps pour la perte
de mon argent et une bonne blessure.

Deux mois après environ, étant encore souffrant
et portant mon bras en écharpe, je me préparais à
partir pour conduire un détachement en Silésie,
où étaient les escadrons de guerre du regiment; le
major, au moment de la revue de départ, me dit :
« Monsieur, je vous confie 160 chevaux; tâchez
d'arriver sans accident à votre destination. » J'ai
passé jusqu'ici rapidement sur tous ces détails
qui sont utiles pour ce qui doit suivre. « Je dois
vous prévenir aussi, ajouta-t-il, que vous aurez

sous vos ordres le nommé Thiombert, maréchal-des-logis, assez mauvais sujet, qui est fou, furieux dans l'ivresse, et auquel, en cas d'insubordination, il faut brûler la cervelle sans hésiter; au reste, il est prévenu. »

Ce Thiombert était un ancien hussard de la Mort, maître d'armes, ayant tué et estropié grand nombre de soldats de toutes armes, connu de tous comme un homme dangereux, surtout quand il était ivre. Thiombert joignait à ces qualités une taille de cinq pieds neuf à dix pouces, portait la queue, et avait enfin l'air et les manières à faire peur au plus hardi du régiment.

Ce fut donc cet homme qui fut appelé à faire, par étapes, une route de deux mois avec moi. Qu'on juge de ma répugnance pour un tel sous-officier qui du reste était un des plus braves soldats de l'armée et d'une témérité qui allait jusqu'à la rage et la folie ! Dans bien des occasions depuis, son bonheur et son audace firent mon étonnement et mon admiration. Quand il me fut présenté chez le major, il portait, comme c'était l'uniforme alors, *les tresses et un énorme claque*, ou chapeau à *trois cornes*, qui était la petite tenue des officiers et sous-officiers en garnison. Il promit de se bien conduire et surtout de ne boire que de l'eau.

Nous quittâmes donc Metz; je me tenais en avant de ma troupe qui marchait en colonne de route; mes chevaux de main en arrière, et le maréchal-des-logis Thiombert se tenait à la queue de la troupe, armé d'une espèce d'arbre qu'il portait en guise de cravache dont il se servait pour faire suivre les traînards.

Après quelques jours de marche, je fis séjour à Kaiserslautern, ville de France alors, et maintenant cité prussienne.

Après avoir assisté à tous mes devoirs, j'étais dans une chambre de l'hôtel de la Croix-d'Or, lorsque le bourgmestre vint me dire qu'en vertu d'ordre du maréchal commandant à Mayence, je devais retarder ma route et fouiller pendant huit jours les forêts du Mont-Tonnerre, où des hordes de brigands avaient élu domicile. D'après de bons renseignemens, ces bandes, composées en partie de charbonniers, de gens du pays et de déserteurs, devaient être fortes de 500 hommes. Il fallut donc nous joindre à un bataillon italien de 800 hommes, comme nous en passage dans la ville.

Dans ces marches à travers les forêts, je formais l'avant-garde et l'arrière-garde, suivant les localités. Le premier jour nous ne vîmes que des restes de feux de bivouac, des ossemens de vaches et de moutons, ce qui annonçait évidemment la présence de ceux que nous cherchions pour les détruire. Il est bon de dire que la colonne était commandée par le commandant du bataillon, qui suivait lui-même l'itinéraire et les instructions d'un envoyé de la police allemande de Francfort, lequel s'intitulait baron de Vessberg et major au service de la Confédération. Cet homme pouvait avoir de trente-cinq à quarante ans, avait l'air haut, fier et parlait très bien français ; il était revêtu de l'uniforme de son grade et suivi d'un grand diable de chasseur d'assez mauvaise mine. Plusieurs fois nous entendîmes comme des détonations d'armes à feu qui, se répétant d'écho en écho dans les vallons, avaient tout l'air de signaux ; je le fis observer au baron de Vessberg qui paraissait toujours de mon avis, mais qui, selon moi, nous guidait assez mal. Enfin, le lendemain, à trois heures de l'après-midi, au moment où harassé de fatigues les hommes et les chevaux allaient prendre un peu de repos dans un vallon où notre guide nous avait conduits, des trous et des crevasses, des montagnes qui nous environnaient de toutes parts sortirent tout-à-coup trois troupes d'au moins deux cents hommes chaque, qui, se précipitant sur nos postes avancés, attaquèrent à la course à grands coups de carabine. Qu'on juge quel dut être notre désordre, surpris ainsi à l'improviste avant que nous ne nous fussions formés en bataille et que nos hommes eussent rejoint leurs chevaux qui couraient çà et là, effarouchés par la fusillade. Nous avions perdu du monde. Cependant, après un peu d'hésitation et d'étonnement de cette surprise si étrange, l'ordre se rétablit et le commandant envoya un officier et cent hommes pour s'emparer de l'entrée de la vallée; un autre officier fut envoyé sur les hauteurs, et nous restâmes seuls en présence de ces bandits qui se faisaient écraser sous les pieds de nos chevaux.

Trois charges dans les ravins, malgré le mauvais terrain, les forcèrent à reculer, de façon que leur feu devenait presque hors de portée et alors moins meurtrier. On continua à se fusiller ainsi assez long-temps, mais les arbres de la forêt empêchaient de s'atteindre de part et d'autre. Cependant, lorsque les cornets des voltigeurs se firent entendre sur les hauteurs et à l'entrée du vallon, les bandits exécutèrent leur retraite en désordre à travers les haies et les bois. Nous les suivîmes et en tuâmes plusieurs, puis nous ramenâmes quatorze prisonniers qui, plus tard, furent exécutés à Mayence.

Quant au baron, notre mauvais guide, il avait été vu, disait-on, au moment de l'action ayant changé de vêtemens et combattant à la tête et au milieu des déserteurs. Cependant personne ne pouvait affirmer rien de positif, et ce fut une énigme pour tous dont j'eus la clé plus tard, et d'une singulière manière ; le fait est que les pouvoirs de cet officier étaient faux, et qu'on voulait faire diversion en nous combattant pour s'emparer de deux chariots chargés d'argent qui étaient sous l'escorte du bataillon italien en route pour la France ; ce qui en était la preuve, c'est que la maison où étaient arrêtées les voitures fut attaquée sans succès de la part des assaillans. Je perdis quatre hommes et j'eus des blessés ; quant à l'infanterie, elle en perdit davantage.

Le lendemain, nous continuâmes notre route sur Mayence, où nous passâmes la revue du maréchal duc de Valmy, qui me sembla être d'une grande sévérité, et qui, après mille questions relatives au métier, disait toujours qu'il n'y avait plus de hussards dignes d'être comparés à ceux de son temps.

Le vieux maréchal était un homme qui jouissait à juste titre de la confiance de l'empereur et de l'estime de l'armée. Il passait la revue ordinaire à midi, heure de la garde montante, et comme Mayence était alors ville frontière de France et le passage des troupes, on jugera que tous les jours les revues de garde montante du maréchal étaient très importantes, en ce qu'elles se composaient journellement d'un va et vient perpétuel de troupes qui se rendaient ou revenaient de la grande-armée.

Nous allions partir, lorsque je fus invité par des officiers de divers corps à monter au café situé près des promenades. Là, on but du punch, on parla beaucoup et l'on se renseigna les uns les autres sur les lieux, les hommes et les choses ; puis on s'embrassa, et je dirai en passant que cette bonne cordialité, qui faisait que dans chaque officier d'alors on trouvait un ami, un soutien même au besoin, n'existe qu'à l'armée et nullement dans les garnisons où j'ai depuis passé quinze ans de ma vie sans la retrouver nulle part.

Nous étions donc au plus fort de la conversation et au moins vingt officiers de cavalerie, lorsqu'un colonel, aide-de-camp du maréchal, fut envoyé pour nous enjoindre de partir de suite. Je me souviens qu'alors la panique fut si grande parmi nous que nous descendîmes tous à nos chevaux, qui étaient attachés à la porte du café, en nous empressant de partir au galop pour rejoindre la colonne de marche qui passait alors le pont flottant du Rhin. Il en résulta que le pauvre maître du café fut oublié pour son paiement, qu'il aura sans doute réclamé au sévère maréchal Kellermann.

J'étais donc sur la route cheminant avec ma petite troupe, rêvant à ma bonne mère et à mon si beau pays de la Vendée, et ces pensées, au moment où je quittais la France pour n'y plus revenir peut-être, faisaient rouler de grosses larmes dans mes yeux de seize ans, lorsque le maréchal-des-logis Thiombert qui, lors de l'affaire dans la forêt du Mont-Tonnerre, avait donné la mesure de sa manière de combattre en se jetant toujours à travers l'ennemi, tuant et faisant des prisonniers à droite et à gauche, s'approcha de moi en me faisant le salut militaire, et me dit :

« Mon lieutenant, malgré tout le mal que l'on

vous a dit de moi, vous avez été assez indulgent pour attendre, afin de me juger par vous-même; je vous en remercie, et vous pourrez compter désormais à la vie à la mort sur Thiombert. »

Après deux mois de route qui n'offrirent rien de remarquable, nous arrivâmes en Silésie, aux escadrons de guerre du régiment, qui étaient cantonnés sur les bords de l'Oder, formant l'avant-poste de l'armée.

Mon régiment était embrigadé avec des dragons badois faisant partie du 3ᵐᵉ corps d'infanterie, commandé par le maréchal Ney. Mon détachement fut réparti dans diverses compagnies, et je fus placé dans la 12ᵉ avec mon maréchal-des-logis qui ne me quitta plus.

C'était au mois de juillet 1813, il faisait un temps magnifique; notre village s'appelait Obéridorf, et était tellement près des avant-postes ennemis, que les cosaques et les hussards français allaient baigner de part et d'autre leurs chevaux dans le fleuve qui était assez rapide et très encaissé dans cet endroit. Il faut dire que l'on était en trève, qu'elle ne devait expirer que le 15 août, et nous étions à la fin de juillet 1813.

On préludait déjà à la reprise des combats par des injures adressées aux Russes qui, de leur côté, répondaient à leur manière

CHAPITRE V.

Arrivée en haute Silésie. — Cantonnemens pendant la trève
de 1813. — Orgies des Officiers. — Rupture de l'armis-
tice. — Commencement des hostilités — Le Capitaine
portant toute sa fortune dans son dolman. — Pillage de
Buntzlauw. — Inondations. — Passage d'un torrent. —
Dragon mort.

Les armées de la coalition étaient dirigées, à
cette époque, dans leurs mouvemens, par deux
Français, qui étaient le général Moreau, tué
quelque temps après à Dresde, et le général Jo-
mini, qui passa à l'ennemi pendant la trève, em-
portant, disait-on alors, tous les plans de campagne combinés par l'empereur.

La table, la bombance étaient dans ces cantonnemens le passe-temps favori des officiers, et,
sous ce rapport, nous avions parmi nous des
gens qui ne l'auraient cédé à personne au monde

et qui seraient plutôt morts que de reculer. Le capitaine dans la compagnie duquel je fus placé était de ce nombre, à tel point qu'on était quelquefois obligé de lui attacher une lanterne sur le dos, lorsqu'il allait en visite d'un village à l'autre, afin de le signaler sur la route ou dans quelque fossé, où il finissait très souvent sa nuit. Du reste, brave et déterminé au feu, mais bandit et se vantant de ses guerres, et surtout de celles de la Vendée qu'il avait faites lors de la république; et, à cette occasion, il racontait qu'il avait tué, pillé et brûlé dans mon pauvre pays, ce qui faisait que nous n'étions jamais d'accord, lui comme républicain, comme il se qualifiait, et moi comme Vendéen ; de sorte que je lui proposai un duel, qu'il refusa, alléguant qu'il était mon chef et que nous étions devant l'ennemi. Ce refus sembla tout naturel à tous, et il n'en fut plus question.

La fête de l'empereur était le 15 août; on la célébra le 10, dans nos villages, par la course des têtes, celle des bagues et des distributions de vin, d'eau-de-vie, et dès le 15 août commençait la retraite qui nous conduisit jusqu'à Paris, malgré toutes les batailles que nous gagnâmes à l'ennemi, en France et en Allemagne. Ainsi va le monde; il faut que la volonté de Dieu s'accomplisse : il voulait que notre pays fût humilié et écrasé; il le fut et l'est encore plus que jamais.

Cependant l'immense cavalerie du Nord, composée alors de barbares en grande partie, passa l'Oder et vint nous attaquer; nous nous reployâmes sur Leipsick et fûmes brûler le camp de Stenau, qu'avait commandé le général Lauriston. Nous étions déjà depuis quelque temps devant Buntzlau, ville prussienne, ouverte de toutes parts et défendue par l'ennemi, lorsqu'un jour, étant en bataille devant cette place et causant avec mon capitaine, un énorme boulet de siége, qui venait en ricochant, l'assomma comme un bœuf. Aussitôt qu'il fut à terre, il s'établit un débat violent entre quelques officiers pour savoir quel serait l'heureux héritier de la dépouille du mort. Il faut savoir que ce singulier capitaine portait toute sa fortune sur lui, qui consistait en quadruples d'Espagne et en beaux napoléons, qu'il avait sans doute pillés dans les deux pays ; toujours était-il que l'or était cousu dans la doublure du dolman et de la pelisse du capitaine. Pendant ce débat, qui se tenait aux pieds de mon cheval, où gisait le corps du malheureux défunt étendu sans mouvement, l'ennemi nous envoyait de la place des boulets qui labouraient nos rangs et coupaient nos escadrons ; enfin, les vêtemens du capitaine lui furent enlevés, moins ses bottes. qu'on ne put parvenir à lui arracher, même en lui mettant le pied sur le ventre, et sa dépouille fut adjugée aux plus anciens de chaque grade, qui se la partagèrent. Quelques instans après cet incident, un de mes camarades étant venu m'offrir un morceau de pain et me proposer de me faire boire un peu de rhum qu'il portait dans une gourde attachée à l'arçon de sa selle, je refusai d'abord, ensuite je me décidai et mis pied à terre. Nos deux chevaux étaient à côté de nous, et nous ne faisions que d'en descendre, quand

Table des Matières.

20 Livraisons à 50 Cents
soit 2 Volumes in 8.° 10 f.

ON SOUSCRIT
chez

DOLLIN, Libraire, Quai des Grands Augustins, N.° 47.

Imp. Lith. de Bénard et Cie Pass. du Caire, 2. Paris